Le JOUR J
et la bataille de Normandie

Le destin de l'Europe se joue le 6 juin 1944

Sur la plupart des treize monuments signaux dont le Comité du Débarquement a jalonné la côte normande, il est inscrit : « *Ici les forces alliées libèrent l'Europe* .» Mais s'il fallut la libérer par cette gigantesque opération du Débarquement, c'est qu'en 1940 elle avait été entièrement occupée et notamment la France, ce qui ne lui était jamais arrivé dans l'histoire.

En 1940, comme en 1944, c'est la Grande-Bretagne, île voisine de l'hexagone français, qui a joué le rôle essentiel car, en 1940, l'écrasement de la Grande-Bretagne, restée seule debout au combat malgré des bombardements intenses sur Londres, n'a pu aboutir à ouvrir la voie aux armées allemandes grâce à l'héroïsme des Spitfires qui détruisirent assez rapidement le gros de l'aviation allemande : « *Jamais aussi peu d'hommes ne jouèrent un tel rôle dans l'histoire du monde* .»

Au même moment, le général de Gaulle incarnait la légitimité française : une République qu'il devait rétablir à Bayeux le 14 juin 1944. C'est avec les Français libres, les Belges libres, les Hollandais libres, les Norvégiens libres, que la Grande-Bretagne continua la lutte, jusqu'à l'entrée en guerre de la Russie en juin 1941, puis l'appoint décisif des États-Unis.

Voici donc qu'il est prévu deux débarquements, et dans cet extraordinaire hexagone français, donnant sur tant de mers et de nations voisines, centre des opérations de l'Europe occidentale au cours des deux guerres mondiales. Le premier de ces débarquements, celui de Normandie, sera décisif ; et pourtant il fallut que le destin joue jusqu'au bout en faveur des alliés, car Hitler développait des armes secrètes destinées à anéantir, non seulement Londres, mais tout le Sud de la Grande-Bretagne où les forces s'étaient rassemblées. Il avait même, en plus des V1 et V2, prévu des tirs d'artillerie, directement à partir de la côte du Pas-de-Calais : ce sont les deux fameuses batteries V3. À quelques jours près, il faillit réussir. Mais Eisenhower, grand chef, grand ami de la France libre, après 24 heures d'hésitation, décida le Débarquement le 6 juin, alors que vingt-quatre heures plus tôt, il avait décidé de renvoyer l'opération un mois plus tard.

Quant à Hitler, les sabotages de la Résistance ne permirent les premiers tirs de V3 (par exemple) qu'un mois trop tard.

Enfin, pour la Normandie, si la Résistance intérieure avait réussi à fournir aux alliés des renseignements précis sur le dispositif allemand, elle avait surtout reçu l'ordre, en cas de Débarquement, de couper toutes les routes d'accès à la côte par des obstacles de fortune. Ainsi les contre-attaques des blindés allemands les 7 et 9 juin 1944, ne permirent de bousculer les alliés qu'en deux points de la côte, par des unités en pointe qui ne purent se maintenir.

Oui, vraiment, la civilisation européenne avait mérité que le destin jouât en faveur de sa libération.

Raymond TRIBOULET
Ancien ministre,
Membre de l'Institut,
Fondateur du Comité du Débarquement.

LA PRÉPARATION DU DÉBARQUEMENT

LA DÉCISION D'UN DÉBARQUEMENT

Dès juin 1940, après Dunkerque et avant la défaite de la France, Churchill pense qu'il faudra reprendre pied sur le continent pour abattre l'Allemagne.

Fin juin 1940, l'Angleterre reste seule en état d'hostilité avec quelques contingents de volontaires dont des Français libres et l'armée britannique à reconstruire. Ces premiers mois de défaite vont permettre de forger deux concepts :

- le retour en force sur le continent,
- la priorité donnée à la défaite de l'Allemagne.

L'invasion de la Russie le 21 juin 1941 va donner un tour particulier à l'évolution de ces deux idées.

À la réunion de Washington en décembre 1941, après Pearl Harbor, Roosevelt confirme sa priorité : « *En dépit de l'entrée du Japon dans la guerre, l'Allemagne reste l'ennemie prioritaire, et sa défaite est la clé de la victoire. Après la défaite de l'Allemagne, l'effondrement de l'Italie et la défaite du Japon suivront.* »

En avril 1942, lors de la conférence d'état-major à Londres, le conseiller du président Roosevelt et le chef d'état-major de l'armée américaine sont chargés d'étudier les plans de rentrée en Europe, de l'installation des forces américaines en Grande-Bretagne pour participer à la lutte en Europe. En juin 1942 à la conférence Churchill–Roosevelt aux États-Unis, il est constaté l'impossibilité d'ouvrir un second front en Europe en 1942.

Conférence « Quadrant » à Québec (août 1943).
Roosevelt et Churchill sont entourés des membres du « Combined Chiefs of staff » (CCS).

L'atmosphère est une atmosphère de crise, heureusement tempérée par l'éclatante victoire navale américaine de Midway. Roosevelt maintient sa volonté de donner la priorité à la défaite de l'Allemagne.

En janvier 1943, Roosevelt et Churchill se rencontrent à Casablanca. Les décisions prises alors par eux marquent une étape décisive dans l'élaboration de l'ouverture du second front. Parmi les mesures prises, ils décident de réunir, en 1943, les conditions préalables à la réalisation du débarquement sur le continent en 1944.

La conférence de Casablanca ajoute une déclaration de principe aux décisions concrètes envisagées : « *La guerre sera poursuivie jusqu'à la reddition sans condition des puissances adverses*. »

À partir de la conférence de Casablanca, les conditions préalables à l'exécution du débarquement, liberté maritime et bombardement stratégique, vont être recherchées et poursuivies à l'échelon de la conduite générale de la guerre par le comité des chefs d'états-majors alliés. La préparation à proprement parler du débarquement va être à la charge d'un état-major spécial anglo-américain.

MISSION :

S'assurer sur le continent l'espace voulu pour mener ultérieurement des actions offensives. Dans ce but, saisir des ports permettant l'arrivée des renforts en provenance directe des États-Unis (cadence 3 à 5 divisions par mois) rejoignant les contingents britannique et canadien déjà présents.

Date objectif : mai 1944
Plan à présenter pour le 1er août 1943
Forces d'assaut : 29 divisions (plus une française probable) dont : débarquement initial 5 divisions + 2 divisions, renforcement immédiat 2 divisions.

Après toutes les études réalisées, le COSSAC se décide en faveur de la Basse-Normandie et c'est à la conférence de Québec, en août 1943, que Roosevelt et Churchill, leurs collaborateurs et les chefs d'états-majors des 3 armées des 2 pays, examinent et approuvent le projet du COSSAC. Ils prescrivent au COSSAC de procéder désormais à la planification et à la préparation d'Overlord. Par voie de conséquence, l'état-major COSSAC devient opérationnel et, durant le 2e semestre 1943, la préparation directe d'Overlord se poursuit.

Le 25 mai 1943, le COSSAC (*Chief of Staff to Supreme Allied Commander*) reçoit du comité des chefs d'états-majors alliés, une directive supplémentaire relative à Overlord : En parallèle des premières opérations amphibies menées sur les côtes africaines et méditerranéennes, la conception du projet de débarquement en France se poursuit. En avril 1943, un commandement interallié, le COSSAC sous les ordres du général Morgan élabore les plans de cette opération extrêmement complexe. En août, Morgan parvient à rendre sa copie pour la conférence Quadrant à Québec. Le plan, bientôt baptisé Overlord, est approuvé par les instances politiques et militaires alliées. Le débarquement aura lieu en Normandie et le Jour J est fixé au 1er mai 1944.

LE COMMANDEMENT D'OVERLORD

La stratégie

C'est en Europe que l'adversaire sera le premier à abattre et c'est en Europe aussi que peuvent être concentrés les efforts des trois alliés : Russie, Grande-Bretagne et États-Unis. Poursuivant dans ce sens, la division des opérations, dirigée par Eisenhower, conclut à la nécessité d'une traversée de la Manche en force à partir de l'Angleterre, constituée en bases d'opérations. La condition du succès d'une telle opération est l'acquisition d'une supériorité aérienne considérable.

Le président Roosevelt, convaincu par cette conception stratégique, désigne Eisenhower, en juin 1942, pour prendre le commandement en Angleterre des Forces américaines en Europe, dont la constitution est en cours.

Le général Eisenhower, désigné officiellement à la veille de Noël 1943 comme commandant suprême des forces expéditionnaires alliées en Europe, prend son commandement à Londres le 15 janvier 1944. Il est alors âgé de 49 ans. Il vient de commander les débarquements alliés en Afrique du Nord avec un sens tactique très aiguisé et un style de commandement ferme et agréable. Il est alors dans la plénitude de ses moyens.

À la tête de son état-major, il nomme le très efficace et très précieux général Bedell Smith. Les commandants des forces aériennes et navales sont en place :

- pour les forces navales, l'amiral Ramsay ;
- pour les forces aériennes, le général Leigh-Mallory, vétéran de la bataille aérienne d'Angleterre.

Comme adjoint, le général Eisenhower a tenu à avoir pour les forces de l'Air le *Marshal* Tedder. Pour les forces terrestres, les principaux chefs sont les généraux Montgomery et Bradley.

SUPREME HEADQUARTERS ALLIED EXPEDITIONARY FORCES
le 6 juin 1944

- **Général Dwight D. Eisenhower**
  Commandant suprême des forces expéditionnaires alliées
- **Maréchal de l'air Sir Arthur Tedder**
  Adjoint du commandant supréme
- **Général de corps d'armées Walter Bedell-Smith**
  Chef d'état-major du commandant suprême

- **Amiral Sir Bertram H. Ramsay**
  Commandant des forces navales
  - **Amiral Alan G. Kirk**
    Force tactique navale de l'Ouest
  - **Amiral Sir Philip L. Vian**
    Force tactique navale de l'Est
- **Maréchal de l'air Sir Trafford Leigh-Mallory**
  Commandant des forces aériennes
  - **Maréchal de l'air Sir Arthur Coningham**
    2e force tactique de la RAF
  - **Général Lewis Brereton**
    9e US Air Force, Force tactique stratégique
- **Général Sir Bernard Law Montgomery**
  Commandant du 21e groupe d'armées et commandant des forces terrestres
  - **Général d'armée Sir Miles Dempsey**
    Commandant de la 2e armée britannique
    - **Général de division Gérard Bucknall**
      Commandant du 30e corps anglais GOLD
    - **Général de division J.T Crocker**
      Commandant du 1er corps anglais GOLD et JUNO
  - **Général d'armée Omar Bradley**
    Commandant de la 1re armée américaine
    - **Général de division Lawton Collins**
      Commandant du 7e corps américain UTAH
    - **Général de division Léonard T. Gerow**
      Commandant du 5e corps américain OMAHA

Début août 1944

Général Dwight D. Eisenhower

- **Général Sir Bernard Law Montgomery**
  21e groupe d'armées anglaises
  - **Général d'armée Sir Miles Dempsey**
    2e armée anglaise
    - 8e corps GB
    - 30e corps GB
    - 12e corps GB
  - **Général Henry D. Crerar**
    1re armée canadienne
    - 2e corps canadien
    - 1er corps GB
- **Général d'armée Omar Bradley**
  12e groupe d'armées américaines
  - **Général Courtney Hicks Hodges**
    1re armée US
    - 7e corps US
    - 19e corps US
    - 5e corps US
    - 8e corps US
  - **Général George S. Patton**
    Commandant de la 3e armée US
    - 20e corps US
    - 15e corps US
    - 12e corps US

OPÉRATION DE DIVERSION

Le plan « Fortitude », mis en œuvre depuis septembre 1943, a pour objectif de créer auprès du commandement allemand l'élément de surprise nécessaire au succès allié, en lui dissimulant la vérité et en lui faisant croire des informations inexactes.

La vérité est difficile à cacher, car la formidable concentration des forces terrestres, aériennes et navales, dans et autour des îles Britanniques, ne peut échapper à l'observation allemande bien que la maîtrise de l'air alliée soit en voie de devenir totale. La dispersion sur la totalité du territoire britannique et dans tous les ports, que rend nécessaire la densité des forces réunies, ne permet guère d'identifier la direction de l'attaque à venir. Cependant, en particulier dans les dernières semaines et jours, l'activité plus importante des mouvements portuaires du Sud-Ouest de l'Angleterre devra être camouflée par une activité factice à l'est. Et c'est ce qui sera fait.

De même, l'activité radio sera maintenant égale au Sud-Est et au Sud-Ouest afin que la densité seule du trafic, sans même la compréhension des messages, ne fournisse une indication aux écoutes allemandes. Ce camouflage sera poursuivi jusqu'au débarquement. Ainsi, dans la nuit du débarquement en Normandie, 105 avions de la RAF et 34 petites unités de la *Royal Navy*, par des mouvements continuels et le largage de leurres et de ballons de part et d'autre de Boulogne, provoqueront un encombrement des écoutes et des radars allemands du Pas-de-Calais.

Ces mesures de protection sont renforcées par une recherche d'intoxication des services allemands de renseignements ; de fausses nouvelles sont habilement communiquées aux journalistes et diplomates neutres vivant en Angleterre. L'imagination des services de renseignements alliés est débordante ; en mai 1944, un sosie de Montgomery fut reçu très officiellement à Gibraltar afin d'accréditer l'idée qu'un débarquement se préparait en Espagne ou en Provence, idée que ne manquèrent pas de transmettre à Berlin de nombreux Allemands vivant en Espagne.

En juin et juillet, la menace d'un deuxième débarquement dans le Pas-de-Calais fut entretenue par un rassemblement de vieilles péniches dans le Sud-Est de l'Angleterre et par de fausses traces de chenilles de chars sur les plages de cette côte fréquemment observée par les avions de reconnaissance allemands. De même, le général Patton (USA), très célèbre et craint des Allemands, maintenu en réserve de commandement jusque fin juillet, fait dans la région de Douvres des visites fréquentes et remarquées, de nature à faire croire que, sous ses ordres, se prépare un deuxième débarquement dans le Nord de la France.

Fabrication de leurres en contreplaqué, toile et caoutchouc, pour provoquer une diversion.

Le 5 juin 1944, le général Eisenhower rend visite aux troupes de parachutistes.

PRÉPARATION DE L'ASSAUT

C'est à la conférence de Québec, en août 1943, que fut révélé aux autorités civiles et militaires alliées, le projet d'un débarquement de grande envergure sur le continent européen. Le projet baptisé Overlord consistait à prévoir le déroulement de cette vaste opération de mise à terre hors d'un port continental.

Après révision du plan du COSSAC, qui prévoyait un assaut sur un front de 40 km seulement, mené par un corps d'armée à 3 divisions, suivi par 3 corps de renforcement immédiat de chacun 3 à 4 divisions, et encadré par deux assauts aéroportés de la valeur de 1 à 2 divisions, les moyens de débarquement (6 047 *landing crafts*) appropriés au volume de la force d'assaut souhaitée étaient les suivants : 176 500 hommes et 20 000 véhicules (dont 3 000 canons, 1 500 chars et 5 000 véhicules blindés) mis à terre dans les premières 48 heures de l'invasion.

Au Jour J, Eisenhower commandera une force sans égale dans l'histoire :

- 37 divisions sur le sol anglais qui, après avoir débarqué, seront rejointes par 50 divisions venant directement des États-Unis.
- Une flotte de 1 000 bateaux de guerre.
- Une flotte aérienne de 10 000 appareils de chasse et de bombardement.

L'assaut aura lieu (est-il décidé après toutes les études faites) un jour où la demi-marée haute a lieu sur la plage la plus occidentale (Utah), 40 minutes après la première lueur du jour et succède à une nuit durant laquelle la pleine lune se lève entre 1 et 2 heures du matin. De tels jours existent au nombre de 3 par mois ; en juin 1944 les 5, 6 et 7.

Au fur et à mesure que la date du débarquement approche, le plan d'assaut naval « Neptune » se précise. Les 5 forces navales d'assaut correspondant aux 5 plages choisies sur la côte normande se rassemblent. Quelques chiffres illustrent l'immensité des dimensions de l'assaut qui aura lieu le 6 juin et les appuis qui lui sont fournis. Le dispositif naval comprend 5 000 navires et 2 000 embarcations additionnelles (employées entre navires et rivage). L'appui naval est fourni par 6 cuirassés, 2 monitors, 22 croiseurs et 93 contre-torpilleurs.

Il ne faut pas oublier le rôle que va jouer la résistance dont les possibilités sont, avant Overlord, de deux ordres :

- participer aux actions d'obstruction des voies de communication,
- apporter des renseignements.

Le 3 juin au soir, tout est prêt pour l'assaut aéroporté dans la nuit du 4 au 5 juin et amphibie le 5 à partir de 6 h 30. Alors commence le drame de la météorologie.

Depuis le 1er juin, le temps se détériore avec des vents violents et une mer houleuse. Alors que la force navale U était déjà en mouvement, le 3 au matin, l'équipe de météorologie annonce une aggravation du temps pour les jours à venir. Tout report serait grave et créerait un embouteillage monstrueux de bateaux. Le secret ne pourrait plus être gardé. De toute manière, seuls trois jours en juin sont possibles, les 5, 6 ou 7.

Eisenhower ajourne l'opération pour le 5. Bien qu'une partie de la flotte soit en mer et que l'ordre d'annulation soit donné, il décide l'opération pour le 6 et maintient la flotte en mer, ce qui trompera Rommel. Le lundi 5 au matin, le chef de la météorologie annonce, dans la nuit du 5 au 6, un changement imprévu qui doit amener une accalmie de quelques heures jusqu'au le mardi 6 au soir, avec un vent réduit et une visibilité améliorée.

Eisenhower décide : « Overlord aura lieu le 6 juin ». Le processus de libération est lancé.

Eisenhower ne peut que laisser se dérouler le scénario monté avec précision, sous ses ordres, depuis quatre mois. Il se rend, l'après-midi du 5, auprès des parachutistes des 82e et 101e divisions aéroportées, qui doivent sauter dans la nuit pour une mission, capitale, à son avis, pour le succès de l'opération. Les messages personnels émis par la BBC le 5 juin s'enchaînent. « Les sanglots… » ; la deuxième partie de la strophe de Verlaine est émise à 20h15 le 5 juin et informe les réseaux de résistance que les opérations de libération sont lancées.

L'OPÉRATION NEPTUNE

Placée sous la responsabilité de l'amiral Ramsay, l'opération Neptune devait faire passer d'un bord à l'autre de la Manche, l'énorme masse d'hommes et d'équipement qui surchargeait, depuis près de deux ans, la plate-forme des îles Britanniques. Un millier de bâtiments de combat et des transports de troupes emportaient les 132 000 hommes des premières vagues d'assaut avec leur matériel.

Venant des ports du Sud de l'Angleterre, et principalement de Portsmouth, 5 000 navires avaient rendez-vous au début de la nuit, en plein milieu de la Manche, dans une zone « Z » surnommée « Piccadilly Circus », en raison du nombre incroyable de bateaux qui s'y étaient retrouvés.

L'emplacement de la zone « Z » avait été choisi pour laisser l'adversaire hésiter le plus longtemps possible sur le lieu précis de l'attaque : Normandie ou Pas-de-Calais ?

De la zone « Z », par des chenaux dragués, partirent alors cinq forces navales correspondant aux cinq plages de débarquement :
- 2 américaines, à l'ouest,
- 2 britanniques et 1 canadienne, à l'est.

LE JOUR J : SECTEUR AMÉRICAIN

6 juin 1944, 00h15
Arrivée au sol des premiers éclaireurs

DIVISIONS

82e Airborne, Commandant : Major Général M.B. Ridgway
101e Airborne, Commandant : Major Général M.D. Taylor

MISSION

- Prendre Sainte-Mère-Église
- Couper la RN13 Cherbourg-Paris
- Établir une tête de pont sur la rive ouest du Merderet et empêcher son franchissement par les forces allemandes
- Empêcher toute attaque en direction de Sainte-Mère-Église
- Contrôler le littoral où le débarquement naval était en cours

Marais et haies touffues ajoutent des difficultés.

UTAH BEACH

Les troupes aéroportées

Chaque division composée d'une force d'environ 7 000 hommes était constituée de 3 régiments plus les unités de transmission et les services sanitaires et de 200 fantassins pour chaque division, venus par planeur avec leur matériel de combat. 800 avions et 512 planeurs sont affectés à ces opérations. Un avion DC-3 (C-47) transportait une vingtaine de parachutistes.

Les régiments sont parachutés par vagues successives. Mais les formations, gênées par les tirs de DCA, par les nuages et une mauvaise signalisation se trouvent dispersées. Certains groupes tombent en mer et d'autres à l'intérieur des lignes allemandes. De plus, la nature du terrain composée de haies touffues et les inondations artificielles de la région du Merderet ajoutent des difficultés.

Malgré des pertes importantes (2 500 hommes pour les deux divisions) la plupart des missions essentielles ont été remplies. L'opération dans son ensemble est un succès.

Mannequin accroché sur le clocher de Sainte-Mère-Église en mémoire du parachutiste John Steele.

UTAH BEACH

L'infanterie

Tandis que les parachutistes s'efforçaient de se rassembler dans le labyrinthe des haies vives et des marais de Normandie, le transfert des troupes dans les transports de débarquement avait lieu sans encombre. Quarante minutes avant l'heure « H », les canons des vaisseaux de guerre et les 276 marauders de la 9e Air Force entrèrent en action.

L'assaut sur Utah se décomposa en 4 vagues :

- **La 1re vague** comprenait 20 LCVP (péniches de débarquement) portant chacun une équipe de 30 hommes.
- **La 2e vague** se composait de 32 LCVP avec le reste des deux bataillons d'assaut, quelques hommes du Génie et 8 équipes de sapeurs de marine.
- **La 3e vague**, chronométrée pour toucher le sable 15 minutes après l'heure « H », comprenait 8 LCT chargés de dozer tanks. Elle devait être suivie 2 minutes plus tard par la 4e vague composée principalement de détachements des 237e et 299e bataillons du Génie chargés de nettoyer les plages.

À la fin de la journée, la 4e division atteint presque tous ses objectifs. 23 250 hommes, 17 000 véhicules et 1 695 tonnes d'approvisionnement ont été débarqués.

6 juin 1944, 06h30
Devant la plage de la Madeleine

DIVISIONS

4e division d'infanterie,
Commandant :
Major Général R.D. Barton

MISSION

- Faire la jonction avec la 101e division aéroportée,
- S'assurer une tête de pont autour de la zone Quinéville, Sainte-Mère-Église, Sainte-Marie-du-Mont,
- Faire la jonction avec la 82e division vers le Merderet.

6 juin 1944, 06h30

Entre Sainte-Honorine-des-Pertes et Grandcamp (Les Rangers depuis 4h30)

DIVISIONS

1re division d'infanterie,
Commandant :
Major Général C.R. Huebner.
29e division d'infanterie,
Commandant :
Major Général C.H. Gerhardt.

MISSION

- S'emparer des voies d'accès vers l'intérieur et atteindre la ligne : Isigny, Trévières, Vaucelles
- Pour le 116e régiment, capturer la batterie de la pointe du Hoc composée de 6 pièces. Deux bataillons de rangers viennent soutenir l'opération

6h30, les barges approchent de la plage d'Omaha beach.

OMAHA BEACH

Omaha est le nom d'une ville des États-Unis, dans le Nebraska, sur le fleuve Missouri, et ce nom est devenu le nom de code d'une des plages du débarquement. Cette unité d'assaut se heurtera au feu nourri des armes automatiques et des canons des 716e et 352e divisions allemandes.

À l'épicentre d'un front de mer s'étendant de Utah à l'ouest, à Gold à l'est, cette zone de débarquement était l'une des plus exposées parce que face à des falaises rocheuses redoutables et amplement défendues.

Un « mur » réputé infranchissable sur lequel, des heures durant, et sans la moindre interruption, va s'abattre le plus puissant déluge de fer et de feu de tous les temps. Il sera pourtant franchi au prix de pertes humaines très élevées. Des vagues de soldats assujettis à de mortelles difficultés, vont se succéder sans relâche.

Beaucoup de ces téméraires unités seront balayées, anéanties par les défenses impitoyables que représentent les blockhaus et leurs batteries retranchées. Pourtant, envers et contre tout, d'autres volontaires surgiront à leur tour et atteindront les premiers passages sur cette terre de France. Omaha portera désormais le nom de « Omaha la sanglante ».

À la fin de cette journée, 34 500 hommes ont été débarqués et une petite tête de pont de 1 à 2 kilomètres de profondeur sur 7 kilomètres de large est acquise. Sur 2400 tonnes de matériel et d'approvisionnement qui devaient être mises à terre, seulement 100 tonnes arrivent à bon port. Presque toute l'artillerie, la plupart des chars et des moyens de transmission, ont été engloutis. Les munitions risquent de manquer. Les estimations officielles font état de plus de 4 000 morts ou blessés.

OMAHA BEACH

LA POINTE DU HOC

Cimetière américain de Colleville Saint-Laurent.

À mi-distance entre Omaha et Utah, la pointe du Hoc domine la mer de sa falaise verticale. Elle est couronnée par une batterie de 6x155 mm. Il faut s'en emparer pour libérer les plages de cette menace : telle est la mission confiée aux 225 rangers du 2e bataillon, commandés par le lieutenant-colonel Rudder.

La pointe du Hoc a fait l'objet, dans les jours précédents, de bombardements massifs et ses canons de 155 mm ont été retirés et mis plus en arrière, ce que les rangers ignorent.

Le 2nd US à la pointe du Hoc le 6 juin 1944 après la dure bataille où il ne resta que 90 survivants parmi les rangers.

À partir de 7h00, les rangers atteignirent le sommet de la falaise dont l'accès était défendu par les Allemands retranchés dans une maison fortifiée. Grâce aux échelles de pompiers installées sur des chalands, aux cordes et grappins lancés par fusils et mortiers, les rangers, sans subir trop de pertes, escaladèrent la falaise et prirent position après avoir nettoyé la résistance ennemie. Cependant, les contre-attaques d'un ennemi bien supérieur en nombre et décidé à éliminer le bataillon de rangers, créèrent de lourdes pertes aux trois compagnies de rangers isolées, affaiblies et manquant de munitions.

Le matin du 7 juin, les forces sur la pointe se montaient à 90 ou 100 hommes disponibles pour se défendre ; beaucoup d'entre eux étaient blessés. Ils n'avaient pas de nourriture, leur stock de munitions était bas, ils étaient cloués parmi les fortifications ennemies détruites.

Le matin du 8 juin enfin, par une attaque coordonnée, le 5e rangers et le 1er bataillon du 116e d'infanterie, ainsi que le 3e bataillon et cinq chars aidés par les tirs du destroyer *Ellyson* dégagèrent la pointe du Hoc. Le colonel Rudder se frotta le visage et se dressa sur ses pieds, il était fatigué et le poids des pertes effrayantes, dont son bataillon avait souffert ces deux derniers jours, pesait lourdement sur ses épaules.

LE JOUR J : SECTEUR BRITANNIQUE

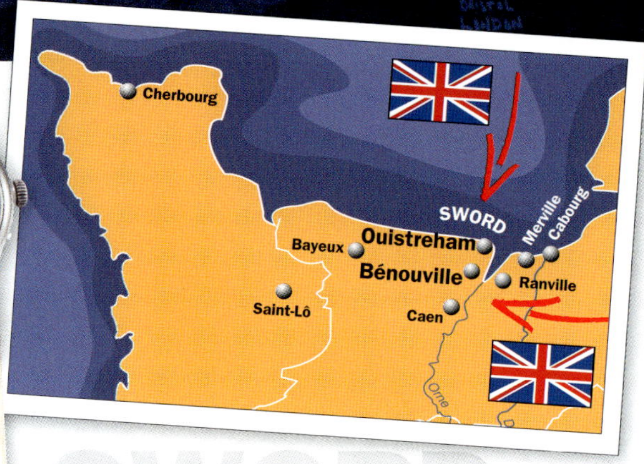

6 juin 1944, 00h15
Premiers planeurs

DIVISIONS

6ᵉ division aéroportée britannique à 2 brigades (la 5ᵉ et la 3ᵉ qui comprennent un bataillon de parachutistes canadiens)

Commandant :
Major Général R. Gale

MISSION

- S'emparer des ponts de Bénouville sur le canal de Caen et de Ranville sur l'Orne
- Interdire l'espace compris entre l'Orne et la Dives
- Détruire 5 ponts désignés
- Neutraliser la batterie de Merville

SWORD BEACH

Les troupes aéroportées

Sur les 6 planeurs largués, quelques instants après minuit, trois atterrissent à proximité du pont de Bénouville. En peu de temps, les défenseurs allemands sont maîtrisés. Les 2 autres planeurs atterrissent près du pont de Ranville et le dernier s'égare à 14 km. Le pont est pris rapidement.

Avant le lever du Jour J toutes les missions confiées à la 6ᵉ division aéroportée sont remplies, mais de nombreux parachutistes ont disparu dans la zone inondée de part et d'autre de la Dives et la plus grande partie du matériel est perdue. La neutralisation de la batterie de Merville a entraîné de lourdes pertes qui sont évaluées pour l'ensemble de la mission à 600 tués ou blessés, 600 disparus auxquels s'ajoute une centaine de pilotes de planeurs tués, blessés ou disparus.

Synchronisation des montres avant heure H.

Le pont de Bénouville aujourd'hui sur le canal de Caen à la mer.

Les planeurs posés très près de « Pegasus Bridge ».

SWORD BEACH

L'infanterie

Le général Rennie, commandant la 3e division, est moins inquiet de la résistance que devrait lui opposer la faible 716e division d'infanterie allemande que de la contre-attaque que pourrait lancer la 21e Panzerdivision stationnée au sud de Caen, avant qu'il ne soit assez solidement établi sur le sol normand pour y résister. C'est justement pour parer ce danger que la 6e division aéroportée du général Gale a atterri dans la nuit en flanquement à l'est de l'Orne, largement étalée jusqu'à Troarn et la Dives et a saisi, très peu après minuit, le pont de Bénouville. Lorsque la 3e division va toucher terre, le général Gale a son PC à Ranville, à 3 km à l'est de ce pont.

En dépit des difficultés dues à la houle, chars et fantassins débarquent face à des résistances neutralisées par des bombardements particulièrement denses et efficaces.

À 9 h 30, à 3 km de la plage, Hermanville est conquise. Dans le même temps, des combats s'engagent pour nettoyer la région de Ouistreham, où a notamment débarqué le commando français du commandant Kieffer. Débarqués à la brèche de Colleville-sur-Orne, devenu depuis Colleville-Montgomery, les 177 fusiliers marins français vont remplir avec succès leur mission de réduction de la position fortifiée de Riva-Bella, du nettoyage de Ouistreham et faire jonction avec les parachutistes à Bénouville, qu'ils atteignent vers 12 h 20.

En début d'après-midi seulement, en raison du retard dans le débarquement des chars, sur une plage encombrée et laborieusement nettoyée par le Génie, les combats s'engagent pour la conquête de la crête de Périers du sommet de laquelle Caen est visible. Alors que la route de Caen semble ouverte, les Britanniques vont engager le combat décisif avec la 21e Panzerdivision, qui n'arrivera que tard dans la nuit, à court de carburant et sans possibilité de ravitaillement à cause de la supériorité aérienne alliée.

Malgré une solide tête de pont, Caen ne tombera que le 9 juillet car l'avancée de la 3e DI fut retardée par la résistance prolongée de certains emplacements fortifiés de la côte et de l'intérieur, et par la contre-attaque de la 21e Panzer. 28 845 hommes ont été débarqués avant minuit. On évalue les pertes à 630 tués ou blessés sur la plage seule.

6 juin 1944, 07h30
Premiers débarquements devant Hermanville et Colleville

DIVISIONS

3e division d'infanterie,
Commandant :
Major Général T.G. Rennie

MISSION

- Capturer Caen le 6 juin
- Établir la liaison avec la 6e division aéroportée

JUNO BEACH

6 juin 1944, 08h00
Premiers débarquements entre Graye-sur-Mer et Bernières-sur-Mer

DIVISIONS

3e division d'infanterie canadienne,
Commandant :
Général R.H.L Keller.
2e brigade blindée canadienne,
Commandant :
Brigadier R.A.Wiyman.
Commando 48 Royal Marines,

MISSION

- S'emparer d'une tête de pont sur 18 km de profondeur comprenant les hauteurs à l'ouest de Caen sur la ligne Port-en-Bessin, Carpiquet.
- Pour le commando 48 (Royal Marines) se saisir de l'ensemble des constructions du front de mer jusqu'à Langrune.

JUNO BEACH

Sur la plage de Juno, la tâche de la 3e division canadienne est compliquée par la présence de récifs et par une mer très forte. Aussi, certains chars touchent-ils terre avec du retard. De durs combats s'engagent entre Courseulles et Bernières. Des brèches sont ouvertes, dans lesquelles se lancent les chars débarqués au plus près des fantassins et qui les appuient de feux bien ajustés.

À 9h30, Bernières est libre de toute résistance allemande et la progression vers le sud commence. En dépit des difficultés initiales dues au très mauvais temps, en fin de journée, ce sera la division canadienne qui sera le plus près de réaliser l'objectif prévu.

La tête de pont atteint 10 à 12 km de profondeur et la jonction est faite à l'ouest avec la 50e division. Les deux têtes de pont sont soudées : Caen est en vue. Deux bataillons sont à 5 km de la ville ; des blindés ont même, par endroit, touché la route Caen–Bayeux, mais isolés, sans infanterie, ne s'y sont pas maintenus.

Retardée dès le début par l'état de la mer, les obstacles immergés, l'ouverture difficile des issues et l'encombrement qui en est résulté, l'opposition des points fortifiés trouvés intacts de Bernières et de Saint-Aubin, la division est la seule unité alliée qui ait atteint son objectif sans pouvoir le tenir. Elle occupe toutefois une ligne assez avancée vers l'intérieur. La liaison est assurée avec la 50e division (Gold), mais ne l'est pas avec la 3e division britannique (Sword) dont un large écart la sépare.

21 400 hommes ont été débarqués ainsi que 3 200 véhicules et 2 100 tonnes d'approvisionnement. Les pertes humaines sont de 304 tués, 574 blessés et 47 prisonniers.

Débarquement des unités canadiennes sur « Juno ».

GOLD BEACH

GOLD BEACH

La plage de Gold, au centre de la zone de débarquement à mi-distance du Cotentin et de l'Orne, de part et d'autre d'Asnelles, est flanquée de falaises abruptes. La tâche de la 50e division apparaît donc délicate, en dépit de la préparation, sur cette plage comme sur toutes les autres : bombardements aériens dans la deuxième partie de la nuit, artillerie navale à partir du jour et jusqu'à l'instant même de l'assaut.

Accompagnées et appuyées au plus près par des chars fléaux et des chars DD qui, par endroit, précèdent l'infanterie, les brigades britanniques prennent pied à 7 h 30 à la Rivière et au Hamel, détruisant progressivement blockhaus et obstacles allemands.

Poste de commandement de Longues-sur-Mer.

Au soir, la tête de pont de la 50e division mesure 10 km sur 10 km, touche Bayeux et tient sous ses feux la route Bayeux-Caen, d'importance essentielle pour le mouvement des réserves allemandes.

Elle est entrée en contact avec la 3e division canadienne sur son flanc gauche. Elle n'a cependant pas atteint ses objectifs finaux pour le Jour J, ni assuré la liaison à l'ouest avec les troupes américaines.

24 970 hommes ont été débarqués, 89 péniches ou embarcations ont été perdues. Les pertes en hommes sont de 413 tués, blessés ou disparus, sur la plage seulement.

À minuit, les 2 500 obstacles trouvés sur les 5 km de plage et pour la plupart porteurs de mines, sont détruits.

6 juin 1944, 07h30

Arrivée des premières brigades autour de Ver-sur-Mer et Asnelles

DIVISIONS

50e division d'infanterie, Commandant : Major Général D.H.A. Graham

MISSION

- S'emparer des défenses de la plage
- Atteindre la RN 13 et prendre Bayeux
- Assurer la liaison avec la 3e division d'infanterie canadienne à l'est et avec les troupes américaines d'Omaha à l'ouest..

CARTOGRAPHIES

L'opération Neptune

Les troupes canadiennes à Juno Beach, le 6 juin 1944.

La bataille de Normandie

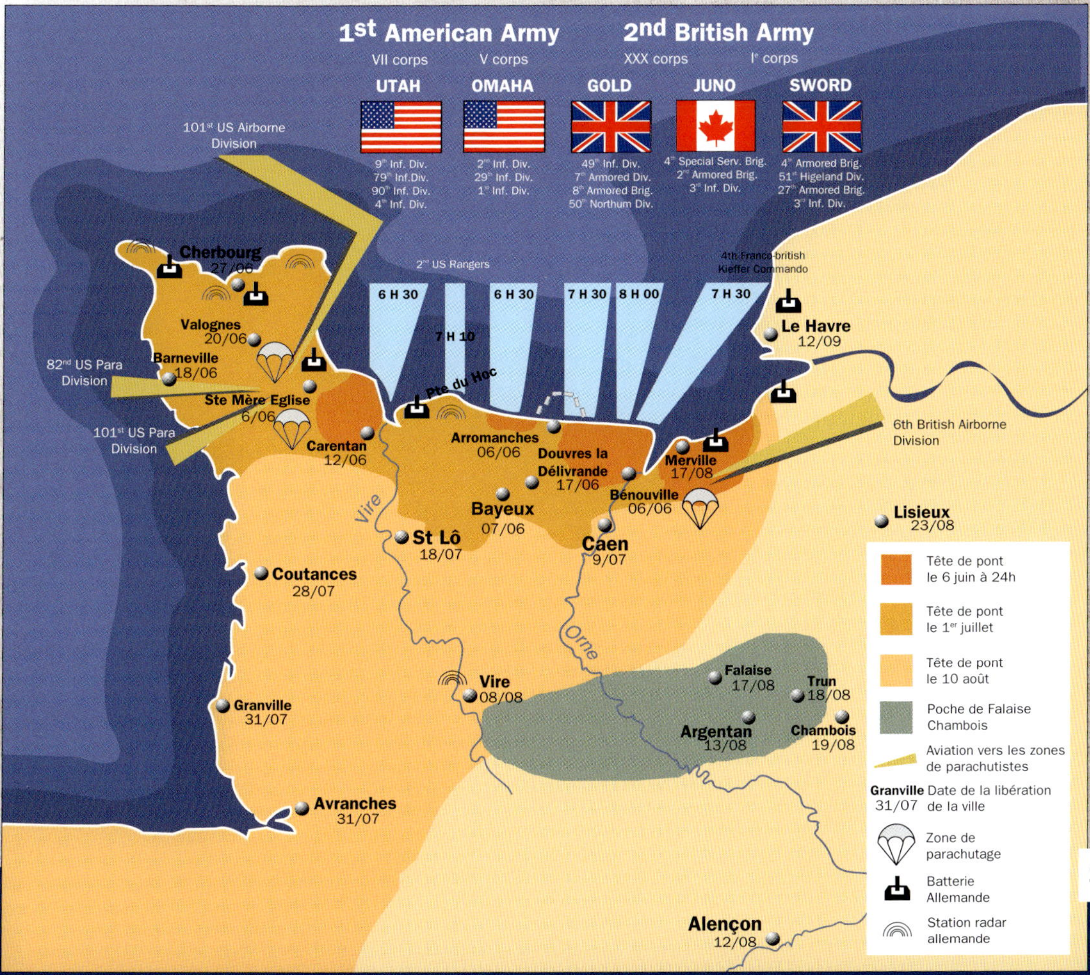

LES PORTS PRÉFABRIQUÉS

Plan du port «Mulberry» d'Arromanches

Blockships 1
Caissons Phœnix 2
Quais flottants 3
Quai intermédiaire 4
Chaussées flottantes 5
Quai des LST 6
Chaussée flottante renforcée 7
Mouillage des Liberty Ships 8
Mouillage des caboteurs 9
Mouillage des forces côtières 10
Docks flottants 11

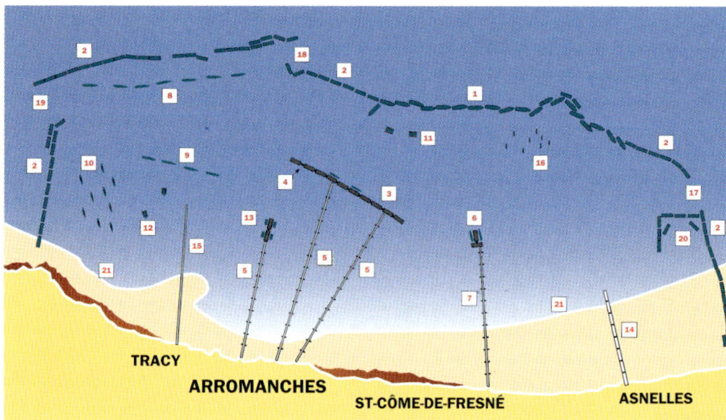

12 Grues flottantes
13 Quai des munitions
14 Appontement léger constitué de Rhino ferries
15 Chaussée flottante en toile dite "Swiss Roll"
16 Mouillage des petites péniches de débarquer
17 Passe de l'est
18 Passe du nord
19 Passe de l'ouest
20 Abri des navires de servitude
21 Limites de basse mer

En attendant que les ports de la zone du débarquement soient libérés et remis en service, (surtout Cherbourg, Le Havre et Rouen) la création de rades artificielles et la mise en place de ports préfabriqués sont entreprises dès le lendemain du Jour J.

Les Gooseberries : des navires sacrifiés, les blockships, sont amenés devant les plages de Utah, Omaha, Gold, Juno et Sword pour y être coulés et former un brise-lames.

Les Mulberries : au large de Saint-Laurent (Omaha) et d'Arromanches (Gold), des ceintures de caissons en béton (Phœnix) forment une rade abritée. Préfabriqués en Angleterre et remorqués à travers la Manche, ces caissons sont coulés en un peu plus d'une demi-heure par l'ouverture de vannes. À l'intérieur de la digue ainsi formée, d'ingénieux dispositifs sont installés (quais flottants, trains de ponts métalliques...) permettant le déchargement des navires.

Chaussées flottantes

Pendant la tempête du 19 juin, les Mulberries sont gravement atteints et le port de Saint-Laurent entièrement disloqué est abandonné. Celui d'Arromanches est remis en état dans les jours qui suivent.

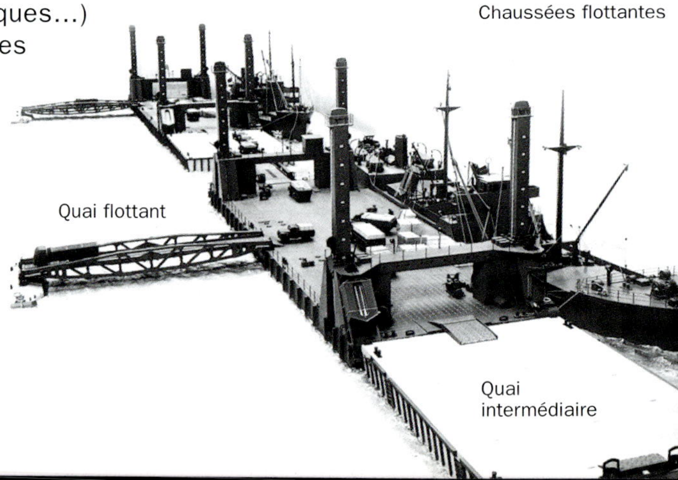

LES LENDEMAINS DU 6 JUIN

Les alliés ont pris pied sur le continent ouvrant une brèche dans le dispositif de défense allemand surnommé « Mur de l'Atlantique ». Les Allemands ont été surpris : leur système de communication est ébranlé. Néanmoins, tous les objectifs ne sont pas atteints et il apparaît que la bataille de Normandie sera dure. Le courage déployé par les soldats allemands laisse présager de rudes combats et un nombre élevé de pertes humaines. La tête de pont établie au soir du Jour J doit être élargie.

Les objectifs du premier jour – prise de Caen, l'aérodrome de Carpiquet – devront être conquis. La résistance allemande sera très forte et Caen ne sera aux mains des Britanniques que le 9 juillet. Cherbourg, le port à capturer pour assurer le support logistique du développement de la bataille, ne sera saisi que le 27 juin après un long combat. Une fois ces objectifs atteints Eisenhower, Montgomery et Bradley pourront envisager de percer en direction des ports de Bretagne et du Nord-Est de la France. Le retard d'approvisionnement dû aux mauvaises conditions météorologiques, ajouté à la tenace défense allemande dans le Bocage, interdit jusqu'à fin juillet aux forces terrestres d'en finir avec le combat d'usure pour passer à l'offensive. Ce sera alors la percée et l'offensive, qui se terminera le 20 août par la fermeture de la poche de Falaise, qui détermineront la fin de la bataille de Normandie. La route sera alors ouverte vers la Seine et Paris.

On peut distinguer trois phases dans les combats qui succèdent au débarquement du 6 juin, jusqu'au 31 juillet, date à laquelle commence l'exploitation qui scellera le sort des forces allemandes engagées en Normandie.

- L'élargissement de la tête de pont (7 au 18 juin).
- La consolidation de la tête de pont (18 juin au 8 juillet).
- La montée en puissance et la percée avec l'offensive « COBRA » (25 au 31 juillet).

La nature bocagère du terrain en Suisse normande, comme dans le sud Cotentin, est favorable à la défensive. Les actions offensives des blindés, attaques alliées ou contre-attaques allemandes ne peuvent prendre de l'ampleur. Le mauvais temps entrave les débarquements alliés destinés à alimenter le combat en effectifs et en approvisionnement. Pendant ces deux mois, les alliés grignotent la défense allemande, qui s'épuise, sans espoir de les repousser à la mer.

Tanks américains dans Cherbourg, le 27 juin 1944.

APRÈS LE 6 JUIN : OPÉRATIONS ET CHRONOLOGIE

SECTEUR BRITANNIQUE

JUIN

  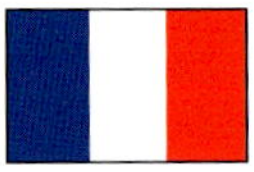

- Tête de pont aéroportée sur l'Orne — 7
- Installation des troupes de la 2e armée britannique et des Canadiens — 7
- Bataille de l'Odon et opération Epsom — 24
- Prise de Caen (opérations Charnwood et Atlantic)
- Opérations Goodwood et Spring
- La percée du Bocage (opération Bluecoat)
- La poussée sur Falaise (opération Totalize et Tractable)

SECTEUR AMÉRICAIN

Installation de la 1re armée américaine d'Omaha et de la tête de pont aéroportée — 7 — 16

Bataille du Cotentin — 18

La guerre des haies

La percée ou opération Cobra

Poursuite américaine, contre-attaque et retraite allemande dans la poche Mortain-Argentan

ISSUE DE LA BATAILLE

  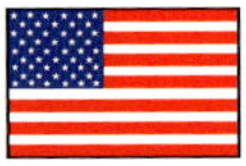 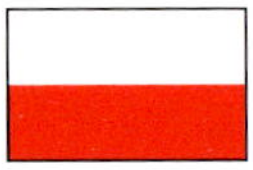 

- La poche de Falaise

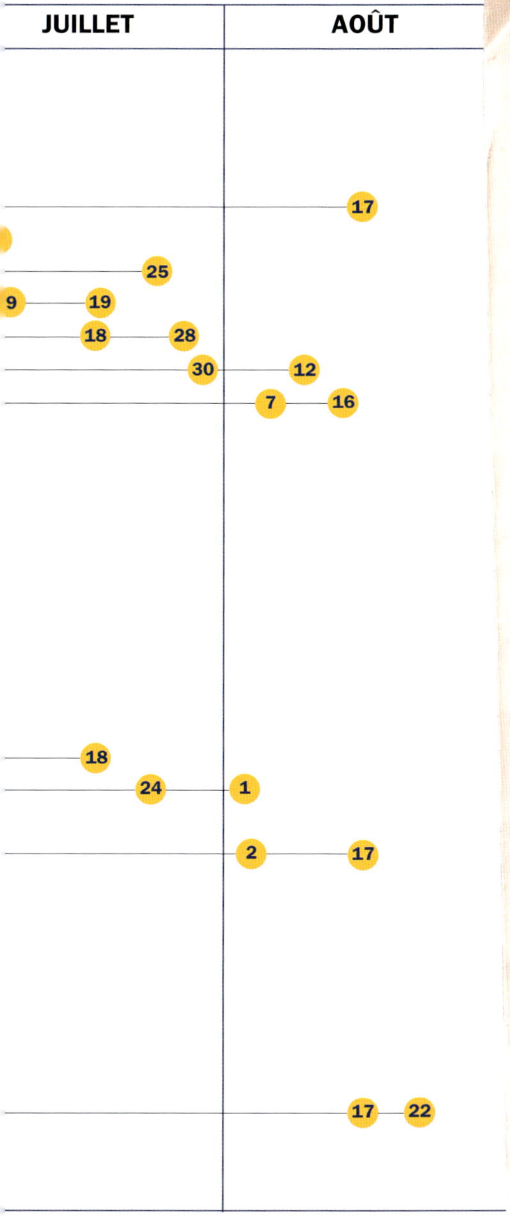

NOMS DES OPÉRATIONS ET OBJECTIFS

Opération Epsom

Opération lancée par les Anglais à l'ouest de Caen dont le but est d'établir une tête de pont sur l'Odon.

Opérations Charnwood et Atlantic

Nettoyage de la ville de Caen et conquête des villages au sud-ouest de Caen.

Opérations Goodwood et Spring

La première était destinée à attaquer la rive droite de l'Orne avec trois divisions blindées et l'appui de l'artillerie et de l'aviation. La seconde devait dégager les villages au sud de Caen et préparer une base pour une percée ultérieure en direction de Falaise.

Opération Bluecoat

Offensive générale à travers le Bocage et appui de l'opération Cobra dont l'objectif principal est la cote 309 au-dessus de Villers-Bocage.

Opérations Totalize et Tractable

Lancées par Montgomery, la première était destinée à amorcer l'enveloppement de la VIIe armée allemande au sud de Caen grâce à la 1re armée canadienne. La seconde, avec la 4e division canadienne et la 1re division polonaise, est de se précipiter au sud pour opérer la jonction avec les Américains et refermer la trappe par laquelle les Allemands tentaient de s'échapper

Opération Cobra

Percée de la 1re armée américaine vers Avranches.

LE DÉVELOPPEMENT DE LA BATAILLE DE NORMANDIE

L'ÉLARGISSEMENT (6 au 18 juin 1944)

Jonction des plages, élargissement de la tête de pont

Le 7 juin, les unités américaines progressent lentement au sud de la plage d'Omaha, toujours balayée par le feu des armes automatiques de tous calibres, mais des patrouilles poussées vers l'est établissent un premier contact près de Port-en-Bessin avec les troupes britanniques. La situation à Omaha reste sérieuse mais va bientôt s'améliorer car la 352e division allemande, usée par les combats du Jour J, ne reçoit pas de renforts.

Le soir du 8 juin, la tête de pont américaine d'Omaha a près de 10 km de profondeur. Alors que Grandcamp est toujours occupé par les Allemands, la jonction définitive entre les secteurs américain et britannique est réalisée à l'ouest de Bayeux, conquise intacte le 7 juin par la 56e brigade britannique.

Eisenhower et Bradley décident de tenter de réunir les têtes de pont de Utah et Omaha avant de chercher la capture de Cherbourg.

Le 9, les unités du 5e corps américain s'emparent d'Isigny et le 10, de la forêt de Cerisy. Le même jour, la 29e division venue d'Omaha et la 101e division aéroportée établissent une première liaison, tandis que de violents combats se livrent dans la région de Montebourg au nord de Sainte-Mère-Église.

Saint-Lô, l'église Notre-Dame et les ruines.

Le 12 juin, la 101e réussit après de durs combats à prendre Carentan : la jonction est réalisée. Depuis Ouistreham à l'est jusqu'à Saint-Marcouf à l'ouest, les alliés constituent une seule tête de pont longue de 80 km et atteignant 10 à 30 km de profondeur.

Montebourg, été 1944.

Le 12 juin (J+6) au soir, dans la tête de pont ont débarqué 16 divisions avec 326 547 hommes, accompagnés de 54 186 véhicules et 104 428 tonnes de matériels : 9 américaines et 7 britanniques et canadiennes. Ce même 12 juin, pessimiste, Rommel résumait la situation : « *L'ennemi se renforce sous la protection d'une très forte supériorité aérienne* [...] *l'ennemi se renforce beaucoup plus vite que n'arrivent nos réserves* [...] *notre position est extrêmement difficile. L'ennemi a une totale maîtrise de l'air sur la zone des combats et jusqu'à 100 km en arrière .*»

Le 18 juin (J+12), la tête de pont alliée s'est élargie suffisamment pour que Eisenhower et Montgomery puissent définir leur ligne d'action prochaine : consolider la tête de pont depuis la base du Cotentin et les hauteurs devant Saint-Lô jusqu'aux crêtes nord de Caen et l'embouchure de l'Orne. Par un jeu d'équilibre, faire effort pour s'emparer de Cherbourg et peser sur Caen pour y attirer les réserves adverses.

LA CONSOLIDATION

DÉVELOPPEMENT ET CONSOLIDATION DE LA TÊTE DE PONT

(18 juin au 8 juillet 1944)

Pour la 1re armée américaine, l'objectif principal à atteindre dans le plus court délai est le port de Cherbourg. La première attaque est lancée le 22 juin. On se bat dans les rues de Cherbourg le 25 et le 26.

À 18 h 00, les commandants des forces terrestres et navales allemandes capitulent. Von Schlieben est fait prisonnier ainsi que l'amiral Hennecke, avec 30 000 hommes.

La tempête qui fait rage et qui est à l'origine de la destruction du port artificiel de Saint-Laurent et de l'endommagement de celui d'Arromanches a un impact profond sur la situation tactique.

Tempête du 19 juin à Arromanches.

Une attaque baptisée « EPSOM » à l'ouest de Caen prévue pour le 22 juin doit être reportée. Le mouvement en tenaille dirigé par le général Montgomery est contrarié plusieurs semaines durant par les forces adverses qui disposent, notamment, de 700 chars.

L'offensive « EPSOM » en direction de l'Orne à l'ouest de Caen s'ouvre le 25 juin au matin. Les mouvements vers la Normandie de nouvelles divisions blindées ennemies, les 1re, 9e, et 10e SS Panzerdivisions et de la 2e Panzerdivision, sont connus de Montgomery. Il font présumer une offensive montée par Rommel.

Après la tempête du 19 juin à Arromanches.

Montgomery veut la devancer et faire tomber Caen auparavant : c'est pourquoi il a voulu l'opération « EPSOM ».

Le 28 juin, une tête de pont est établie au-delà de l'Odon.

Le 4 juillet, la 3e division canadienne engage une lutte farouche pour Carpiquet. Caen enserrée par le saillant ouest sur l'Odon et par la poche constituée par la 6e division aéroportée britannique dès le Jour J à l'est de l'Orne, se trouve dans une position estimée intenable à partir du 1er juillet par les chefs allemands. (Le bilan des pertes, soldats allemands tués, blessés ou prisonniers, s'élève fin juin à plus de 200 000. Les 7 Panzerdivisions engagées ont perdu plus de 300 chars).

Le 9 juillet, les troupes britanniques et canadiennes pénètrent dans les ruines de Caen. Capture de Cherbourg et occupation du nord Cotentin les 26 et 30 juin, saisie de la partie nord de Caen le 9 juillet, marquent la conquête des objectifs fixés initialement à Overlord et la fin de la consolidation de la tête de pont. Derrière la ligne maintenant ininterrompue du cap Carteret (sur la côte ouest du Cotentin) à Caen, va se poursuivre la montée en puissance, en vue de l'offensive vers l'intérieur de la France.

Le général Joseph L. Collins, commandant le 7e corps d'armée américaine au Fort du Roule à Cherbourg le 27 juin 1944.

Fort du Roule aujourd'hui.

LA PERCÉE

Caen, juillet 1944, déblaiement de la rue de Bayeux.

LA PERCÉE (8 au 31 juillet 1944)

La percée vers l'intérieur est précédée d'une offensive déclenchée dès le 3 juillet par le 8ᵉ corps d'armées américain, en direction de Saint-Lô, dont la capture préalable est jugée nécessaire. La résistance s'acharne à La Haye-du-Puits et Saint-Lô n'est occupé que le 18.

Dans le secteur anglo-canadien, l'opération Goodwood (opération pour encercler et faire tomber Caen) se heurte du 18 au 24 juillet à une défense acharnée. Les 36 chars Tigre jouent dans cette défense un rôle capital. La 11ᵉ division britannique perd 126 chars en un jour. Caen est complètement libérée, en ruine, et la plaine de Caen ouverte jusqu'à 7 km autour de la ville. Montgomery, commandant en chef des forces terrestres, voit s'ouvrir les routes du sud de Caen, ce qui lui permet d'attirer la masse des blindés allemands à l'est et de libérer l'ouest du front au profit de Bradley et de l'opération Cobra, prévue pour le 20 juillet.

Rassemblement des blindés de la 2ᵉ DB de Leclerc à Vesley, dans la Manche, le 5 août 1944.

Le 20 juillet, les moyens sont mis en place pour lancer l'offensive Cobra mais elle sera retardée jusqu'au 25 juillet par les circonstances atmosphériques. Le 25 au matin, un tapis de bombes est largué par 2 250 avions dont 1 500 bombardiers stratégiques. « Le carpet bombing » fait du débouché de Cobra un succès.

La 4e division américaine pousse audacieusement dans le trou ouvert jusqu'à Coutances. Le 30 juillet au soir, elle atteint Avranches à 50 km plus au sud. Elle réussit à se saisir du pont de Pontaubault qui ouvre la route de la Bretagne et de la Loire. La percée est faite. Défiant toute logique, sur le seul pont qu'il détient, Patton fait passer 7 divisions en 72 heures. Tandis qu'une division blindée se dirige vers Brest, Rennes est prise le 4 août, Angers le 10, Nantes le 12.

La 3e armée, dont la 2e DB du général Leclerc constitue une partie de la pointe avancée, se rabat alors dans un vaste mouvement de fauchage vers l'est et atteint Le Mans le 9 août. Le général Montgomery a, de son côté, lancé vers le sud et le sud-est ses divisions.

L'abbaye aux Hommes.

Les tanks américains entrent dans Avranches en août 1944.

LA POCHE DE FALAISE (31 juillet au 21 août 1944)

Char Panther détruit dans la poche de Falaise en 1944.

La contre-offensive déclenchée sur les ordres de Hitler lui-même, dans la nuit du 6 au 7 août à partir de Mortain, aboutit à l'anéantissement des panzers dans la poche de Falaise le 17.

Les Allemands sont affaiblis sous les attaques des divisions américaines, canadiennes et britanniques et sous les bombardements aériens incessants. Les 19 et 20 août, la poche devient une fournaise d'où tentent de s'extirper les unités allemandes sans leur matériel.

Dans son rapport d'opérations, Eisenhower résume ainsi cette phase finale de la campagne de Normandie. « *Dans la poche elle-même, la stratégie de l'ennemi consista à disposer des blindés le long de la lisière sud passant par Argentan en face des Américains, et une forte barrière défensive fut établie à Falaise contre les Canadiens avec la 21 Panzerdivision et la 12e S.S. Panzerdivision. Par ces moyens*

Blindés se dirigeant vers Chambois après la libération de Falaise, le 17 juillet 1944.

et en résistant farouchement, les Allemands parvinrent à maintenir écartées les mâchoires de nos tenailles pour permettre à une portion de leurs forces d'échapper. »

Les forces principales allemandes viennent de subir une défaite écrasante. Leurs pertes atteignent 240 000 tués ou blessés, 210 000 prisonniers, 3 500 canons, 1 500 chars et une quantité considérable de véhicules et de matériels de toute nature. Rien ne peut arrêter désormais l'avance spectaculaire des armées vers la Seine et Paris. Le 25 août Paris sera libérée. Moins de 8 jours après, la Somme sera franchie.

Église de Falaise après la libération de la ville par les Canadiens, le 17 août 1944.

La bataille de la poche de la Falaise

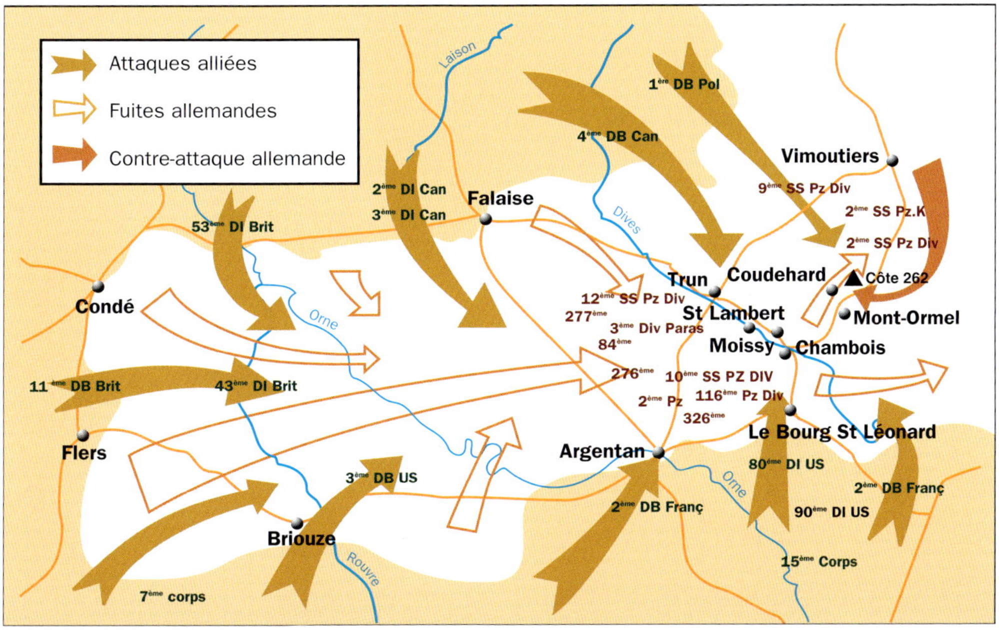

LE JOUR J EN CHIFFRES

LES FORCES NAVALES

Les moyens		Les hommes	
• Navires de guerre	138	• Sur les navires de guerre :	
• Destroyers, frégates, corvettes	221	Britanniques	112 824
• Dragueurs de mines	287	Américains	52 889
• Bâtiments légers	495	Autres alliés	4 988
• Chasseurs sous-marins	58	• Dans la Marine marchande :	25 000
• Navires et péniches de débarquement	plus de 4 000	**Soit un total de :**	**195 701**
• Navires auxiliaires et petits bâtiments	441		
• Navires marchands	864		
• Embarcations diverses	plus de 300		

Soit plus de 6 800 unités dont pour les navires de guerre :
– 79 % britanniques et canadiens
– 16,5 % américains
– 4,5 % d'autres alliés

LES FORCES AÉRIENNES

Les moyens		Les hommes	
• Avions dont 5 510 britanniques et canadiens, 6 080 américains	11 590	Aviateurs (non compris les troupes aéroportées et les équipages)	31 000
• Planeurs	3 500		

LES FORCES TERRESTRES

Les moyens	Les hommes			
20 000 véhicules (dont un peu plus de 1 000 chars)	Débarqués sur les plages		Troupes parachutées par planeurs	
	Secteur américain : (dont 23 250 à Utah et 34 250 à Omaha)	57 500	Américains	15 500
	Secteur britannique : (dont 24 970 à Gold, 21 400 à Juno et 28 845 à Sword)	75 215	Britanniques et Canadiens	7 990
	Soit un total de	**132 715**	**Soit un total de**	**24 490**

Total des effectifs terrestres déployés pour le Jour J : 157 205